知ろう！学ぼう！障害（しょうがい）のこと

聴覚障害（ちょうかくしょうがい）のある友だち

監修 **山中ともえ**
（東京都調布市立飛田給小学校 校長）

はじめに

聴覚障害のある友だちがいる君へ

　みなさん、はじめまして。わたしは現在、小学校の校長として、日々、子どもたちと楽しく学校生活を送っています。これまで、教師として障害のある子どもたちを長年教えてきました。

　聴覚障害のある子は、テクノロジーの発達で高性能になった補聴器や人工内耳をつけることで、障害の程度によっては障害のない子と変わらない生活を送れるようになりました。逆の見方をすれば、「補聴器や人工内耳があれば、みんなと同じでしょう」という思いちがいをしている人が多く、その誤解のために困っている子どもたちが多いとも言えるかもしれません。補聴器や人工内耳の助けを借りてもクリアできない問題も、まだまだたくさんあるのです。

　子どもたちの「友だちになる力」には、目を見張るものがあります。特別支援学校の子が小学校の居住地校交流をすることがありますが、障害のない子と元気に遊んでいます。かきねを一度こえてしまえば、こんなに仲のよい友だちになれるのかと、いつもおどろかされます。

　この本を通して、みなさんが障害について理解を深めて、かけがえのない友だち同士になってくれることを、心から願っています。

監修／山中 ともえ（東京都調布市立飛田給小学校 校長）

※「障害」の表記については多様な考え方があり、「障害」のほかに「障がい」などとする場合があります。この本では、障害とはその人自身にあるものでなく、言葉の本来の意味での「生活するうえで直面する壁や制限」ととらえ、「障害」と表記しています。

もくじ

| インタビュー 聴覚障害と向き合う友だち | 4 |

1. 聴覚障害ってどんな障害? ... 6
2. 聴覚障害のある友だちの生活 ... 10
3. 聴覚障害のある友だちの気持ち ... 14
4. 特別な学校や教室で学ぶ ... 18
5. 学校外での生活 ... 22
6. 社会で働くために ... 24
7. 障害をサポートする道具 ... 26
8. 聴覚障害の友だちとつきあうために ... 28
9. 手話と指文字 ... 32
10. 聴導犬の働き ... 34
11. かがやく人たち ... 35

支援する団体 ... 36

さくいん ... 37

インタビュー

聴覚障害と向き合う友だち

勉強が好きで、おしゃれな田中冴希ちゃんは、難聴の障害がある小学1年生。
週に1回、学外の施設「ノーサイド教育センター」に通っています。

ずっとニコニコ、笑顔でインタビューに答えてくれた。

Q.1 好きなことはなんですか?

A 算数です。

算数の中でも、特に足し算が得意です。食べ物では、たまごやきと、からあげが好きです。

Q.2 楽しかった学校の行事は?

A 運動会です。

1年生全員でおどったダンスが一番楽しかったです。クレヨンしんちゃんの映画の主題歌に合わせておどりました。

Q.3 学校で困ったことは?

A ありません。

お母さんのコメント
本人は特に「困った」と感じていないようですが、友だちや先生の声が聞こえなかったときは、「もう1回言って」と言ったり、まわりを見て、みんなの動きに合わせて動いたりしているようです。

1歳のころから、人工内耳を使っている。

Q.4 お気に入りの道具は?

A 人工内耳です。

つけるとみんなの話が聞こえるようになります。自分ひとりでつけることができるので、起きたらつけて、寝る前に外しています。

言語聴覚士の先生に、1対1の訓練を受ける冴希ちゃん。

Q.5 言語聴覚士の先生と、どんな勉強をしていますか?

A ことばの仲間集めなどです。国語の勉強になります。

先生のコメント
聴覚障害のある子どもは、障害のない人が自然と覚えていることばを意識的に覚える必要があります。ことばの仲間集めという勉強では、例えば「気持ち」を表すことばを思いつくかぎり、書いてもらいます。

「気持ち」の仲間を書き出す練習。

Q.6 将来の夢は何ですか?

A お寿司屋さんとファッションデザイナーです。

お寿司と洋服が好きだからです。好きなお寿司は、マグロ、サーモン、鉄火巻き、たまごです。

Q.7 学校の友だちに伝えたいことは?

A もっと一緒に遊びたいです。

今は、仲のいい友だちと、なわとびやサッカー、フラフープをして遊んでいます。もっとたくさんの友だちといろいろな遊びをしたいです。

＊年齢は取材当時のものです。

part 1

聴覚障害ってどんな障害?

聴覚障害は、声や音が聞こえない、または聞こえにくいという障害です。耳が聞こえなくなる原因や聞こえる音の種類は、ひとりひとり違います。

1 聴覚障害とは?

耳から人の声やいろいろな音が聞こえる感覚のことを、聴覚といいます。そして、声や音が聞こえない、または聞こえにくい障害のことを、聴覚障害といいます。

声や音が聞こえなかったり、はっきりと聞こえにくかったりすると、ことばを使ってコミュニケーションをしたいときや、お店や病院などで呼ばれるのを待つときなど、毎日の生活の中で大変困ります。

また、耳で音を聞く力は、ことばを覚えることや話すことにも関係してきます。ことばを耳で聞いて、その音をまねて学ぶということができにくいので、ことばを覚えたり話したりすることに困難がともなうのです。かといって、うまく話すことができなくても、その友だちがことばを知らないとは限りませんし、その内容を理解していないとも限りません。

耳が聞こえないことは「ろう」、聞こえにくいことは「難聴」といい、途中から耳が聞こえなくなることは「中途失聴」といいます。

知っておこう 音の聞こえ方は人それぞれ

音には、大きさと高さ、音色があります。音の大きさには、自動車のクラクションのような大きな音もあれば、人のささやき声のような小さな音もあります。音の高さには、ピアノの鍵盤のように、低い音もあれば高い音もあります。

聴覚障害のある人は、音の大きさや音の高さによって聞こえ方がひとりひとり違います。例えば補聴器は、聞こえる音を大きくする機械ですが、はっきり聞こえるようになる人もいれば、それでもまったく聞こえない人もいます。また、聞こえる音の大きさは同じでも、低い音は聞こえるのに、高い音が聞こえないという人もいます。音がぼんやりとゆがんだように聞こえる人もいて、「わらう」と「あらう」などのような、似ていることばを聞きまちがえてしまうこともあります。

2 音が聞こえるしくみ

わたしたちの耳は、外耳、中耳、内耳の3つにわけることができます。外耳は、わたしたちがふだん「耳」と呼ぶ耳介の部分と、「耳の穴」にあたる外耳道のことです。外耳道は、奥にある鼓膜までつづいています。中耳には、鼓膜につながっている3つの小さな骨でできた耳小骨があります。内耳には、半規管（三半規管）や、かたつむりのような形をした蝸牛という器官があります。

わたしたちが耳で聞いている音は、音波という空気の振動によって伝わります。まず耳介から入った音は、外耳道をとおって鼓膜を振動させます。この振動が耳小骨に伝わり、さらにその奥にある蝸牛に伝わります。蝸牛の中に入っているリンパ液が振動すると、その振動が電気信号になって聴神経に伝わります。この電気信号が脳に届くことで、音が聞こえたと感じるのです。

耳の断面図

耳小骨：つち骨、きぬた骨、あぶみ骨
半規管
蝸牛
蝸牛神経（聴神経の一部）
耳介
外耳道
耳たぶ
鼓膜
鼓室
耳管

外耳 ／ 中耳 ／ 内耳

3 どうして耳が聞こえなくなるのかな？

耳が聞こえなくなる原因は、いろいろあります。生まれつきの聴覚障害の場合は、赤ちゃんがお母さんのおなかの中にいるときに、お母さんが風疹などの病気にかかることや、お母さんが病気になったときに飲んだ薬の副作用などが原因になります。また、十分に成長しないまま生まれた赤ちゃんや、高い熱を出す病気にかかった赤ちゃんも、耳が聞こえなくなることがあります。

体が大きくなってから耳が聞こえなくなった人は、頭を強く打つような事故や、大きな音をずっと聞き続けることなどが原因になります。

また、お年寄りになってくると、だんだん聴神経もおとろえてくるので、耳が聞こえにくくなることがあります。このほかにも、原因がわからずに耳が聞こえなくなる場合があります。

おなかの中にいるとき
- お母さんが風疹にかかった
- 飲んだ薬の副作用があった

赤ちゃんのとき
- 未熟なまま生まれた
- 高い熱を出した

大きくなってから
- 事故で頭を強く打った
- 大きな音を聞き続けた
- 聴神経がおとろえてきた

考えてみよう こんな かんちがい をしてないかな?

- ☐ 何かを言おうとして顔を見つめるのかな
- ☐ きょろきょろして、落ち着かないな
- ☐ だまっているから、話ができないよ
- ☐ 補聴器があれば聞こえるはず

　聴覚障害のある人は、話をしている人の口の動きを見て、相手が何を話しているのかを推測しています。音が聞こえないので、自分のまわりで何が起こったのかがよくわからないときは、きょろきょろとまわりを見回します。また、うまく発音できないことばがあると、はずかしくなって黙ってしまうこともあります。

　耳に補聴器をつけている人や、頭に人工内耳という機械をつけている人もいます。でも、まわりの音がうるさいと、補聴器や人工内耳をつけていても、音がよく聞こえないことがあります。

4 聴覚障害のある友だちの特徴

似ていることばをまちがえてしまう

発音が苦手

人工内耳や補聴器を使っている

視覚や触覚を利用している

part 2 聴覚障害のある友だちの生活

聴覚障害のある友だちには、毎日の生活の中で、苦手に感じることがいろいろあります。また、聞こえる音が人によって違うので、会話をする方法も違います。

1 聴覚障害のある友だちが苦手なこと

正しく聞きとること

大切な情報を聞きもらしたり、似ていることばを聞きまちがえたりすることがあります。

- 校内放送や駅のアナウンスがわからない
- 病院の呼びだしが聞こえない
- 似ていることばが聞きわけられない

危険に気づくこと

危ないときに鳴らす車のクラクションや、自転車のベルの音がよく聞こえません。また、危ないことを教えてくれる人の声も、聞こえません。

- 救急車のサイレンが聞こえない
- 人が声を出して注意しても聞こえない
- 車や自転車が後ろからくると、わからない

気持ちを伝えること

自分が話している声が聞こえないため、相手に言いたいことが伝わったつもりになったり、伝えるタイミングがわからなかったりすることがあります。

- 意味が伝わりにくいことばがある
- 気持ちを伝えるタイミングがわからない
- 聞き返すタイミングがわからない

耳からの情報を理解すること

インターホンやテレビの音が聞こえないため、光や振動で知らせる機械を使ったり、字幕つきのテレビ番組を利用したりしています。

- 家に人が来たことがわからない
- テレビの話題についていけない
- 目覚まし時計の音が聞こえない

その場の雰囲気を知ること

音には、その場の雰囲気を伝える役割もあります。静かにした方がいいところで、とつぜん大きな声で話しだすことがあります。

- 映画館のような静かな場所で、大きな声で話す
- ドアを大きな音をたてて閉める
- 廊下を大きな音をたてて歩く

グループで会話すること

みんなが一度に早口でいろいろなことを話すと、だれがどんな話をしたのかがわからず、会話についていくのをあきらめてしまうことがあります。

- 横にいる人の口の動きがわからない
- 口の動きが早すぎて言っていることがわからない
- まわりがにぎやかだと、聞きとれない

2 どうやって、人と話すのかな？

耳から自然に入ってくる音には、いろいろな情報が含まれています。例えば、障害のない人は朝になると目覚まし時計の音で起きるし、学校のチャイムが鳴ると授業の始まりと終わりがわかります。でも、聴覚障害のある人はこのような音がよく聞こえないので、毎日の生活の中で困ることがたくさんあります。

また、聴覚障害の人の聞こえ方は人によって違うので、会話の方法も違います。聞こえる音を大きくする補聴器を使ったり、話す人の口の動きを見て、ことばを読みとったりして、口で話す人もいます（口話）。また、何かを伝えたいときは、紙に文字を書く、パソコンや携帯電話、スマートフォンの文字を使う、手や指を動かして「手話」を使うなどの方法があります。

1 補聴器や人工内耳を使う

補聴器は、音を大きくする機械です。人工内耳は、音を電気信号に変えて聴神経に送る機械です。どちらも音や人の声が聞きやすくなります。

【短所】
・補聴器は、雑音も大きく聞こえる
・補聴器は、水に弱い
・人工内耳は、手術でとりつけなければならない

2 読話で話を理解する

読話は、話す人の口の動きを見て、話の内容を読みとることです。はっきりと口を動かして話すようにすると、聴覚障害のある友だちは理解しやすくなります。

【短所】
・口の動きが似たことばを聞きまちがえる
・早口になると、読みとりにくい
・遠くはなれると、口が見えない

❸ 筆談をする

筆談は、紙に文字を書いたり、パソコンや携帯電話の文字を使ったりして話を理解する方法です。会話の内容を、お互いにチェックすることができます。

【長所】
・むずかしい話も理解しやすい
・あとで読み返すことができる

【短所】
・文字を書くので、時間がかかる

❹ 手話や指文字で話す

手話や指文字は、手と指を使って話す方法です。顔の表情を使うと、より細かい気持ちや思いを伝えることができます。

【長所】
・補聴器がなくてもわかる
・手話で表せないことばは、指文字を使う

【短所】
・だれでも手話が使えるわけではない

知っておこう　補聴器と人工内耳の働き

補聴器は、聞こえてくる音を大きくする機械です。耳にかけたり、耳の穴にはめたりするタイプがあります。定期的に検査をして、聞こえ方の調整をしながら使います。また、音を大きくする補聴器は雑音も大きくなるため、雑音を小さくする機能がついたデジタル補聴器もあります。補聴器は水に弱いため、おふろに入るときやプールのときは、外さなければなりません。

人工内耳は、耳の奥にある内耳の働きをする機械です。音を感じるために、脳にある聴神経に電気の力で音を伝えています。人工内耳は、耳の後ろを切って機械をうめこむ手術をします。手術をしたあとは、言語聴覚士の先生と一緒に、人工内耳の使い方について勉強をしたり、音を聞く能力を高める訓練をしたりします。

part 3

聴覚障害のある友だちの気持ち

聴覚障害のある人の中には、大きな音が苦手な人もいるし、話したくてもうまく話せない人もいます。ひとりひとり違うので、協力してほしいことも違います。

1 補聴器をしているのに、聞こえないのかな？

聴覚障害があるので、いつも補聴器をつけている友だちがいます。後ろから大きな声でよんでも、返事をしてくれません。肩をたたいて、「ねえ」って声をかけたら、「どうしてたたくの!」って、怒られてしまいました。補聴器をつけているのに、どうして聞こえないの？

後ろからじゃなくて、正面から話してほしいな

補聴器では、後ろからの声や音は、よく聞こえないことがあるの。あのときは、わたしの後ろに人がいるって、ぜんぜん気がつかなかった。呼ばれていることもわからなくて、とつぜん肩をたたかれたから、びっくりして怒ってしまったの。

わたしが補聴器をつけていても、わたしの正面に来て、話しかけてくれるとうれしいな。それに、まわりがさわがしいと聞こえにくいこともあるから、静かな場所で話してくれると、もっと声がよく聞こえるよ。

2 どうして、大きな音が苦手なのかな？

聴覚障害のある友だちは、いつも補聴器をつけています。そうじのとき、みんなが机といすを教室の後ろに動かしていたら、その友だちが「うるさーい！」といって、ものすごく怒りはじめたの。机を運んだだけなのに、どうして？

こうしてほしいな！

大きな音が出ないようにしてほしいな

みんなが机を運んでいるとき、机をゆかに引きずるように動かしている人がたくさんいたから、わたしは怒ったの。補聴器は音を大きくする機械だから、机を動かすときに出る音も、わたしには大きく聞こえるんだ。だから、机を動かすときは、もう少し音が出ないように動かしてくれると、うれしいな。

机やいすの脚のところに、使わなくなったテニスボールを切ってはめると、動かすときに出る音が小さくなるよ。今度、みんなに話してみようかな。

考えてみよう　こんな かんちがい をしてないかな？

☐ **補聴器をつけていれば、わたしたちと同じように聞こえるはず**

補聴器は、音を大きくする機械です。補聴器をつけた友だちには、わたしたちが何でもないように感じる音でも、聞きとるときのじゃまな音になってしまうことがあります。

例えば、ものをたたく音や紙をやぶる音、ゆかにものが落ちてこわれる音のように、とつぜん聞こえる大きな音は、補聴器をつけている友だちには「うるさい音」と感じられます。

３ どうして、うまく発音できないことばがあるの？

授業中、先生の話をよく聞いているのに、「先生」のことを「しぇんしぇー」と話す、聴覚障害の友だちがいます。ほかのことばの発音はちっとも変じゃないのに、どうして「先生」のときだけ、赤ちゃんみたいな発音をするのかな？

こうしてほしいな！ 発音の練習をがんばるから、やさしく見守ってほしいな

わたしは、自分の声がよく聞こえないの。自分では「さ、し、す、せ、そ」って話しているつもりでも、みんなには「しゃ、し、しゅ、しぇ、しょ」って聞こえているみたい。小さいころから一生懸命、発音の練習をしてきたけど、みんなと同じようには発音できないかもしれないな。

もっともっと、みんなとたくさんお話ししたいな。わたしの発音がちょっと変に聞こえても、「気にしなくていいよ」って言ってもらえると、安心して話ができるんだけどな。

知っておこう　発音の練習

聴覚障害のある友だちの中には、ことばときこえの教室（ことばの教室）や聴覚障害の特別支援学校に通っている人もいます。そこでは、ことばの発音の仕方について練習したり、口や舌の動かし方を専門の先生と一緒に練習したりしています。ことばの発音は、すぐには変わらないかもしれません。でも、わらったりからかったりするのではなく、がんばって練習している友だちを、みんなで応援しましょう。

④ 話し合いで、ずっとだまっているよ。

グループ学習のとき、班のみんなで話し合わなくちゃいけないのに、聴覚障害のある友だちは、ずっとだまったままだったよ。「意見はないの?」って聞いても、何も話さなかった。本当に、意見はなかったのかな?

こうしてほしいな！ ひとりずつ順番に話してほしいな

わたしだって、話し合いの中に入りたかった。でも、班のみんなが一度にいろいろな話をすると、だれがどんな話をしたのかが、だんだんわからなくなってきて……。話していることがよくわからないから、ずっとだまっていたの。

今度のグループ学習では、みんなが静かにして、ひとりずつ意見を言ってくれると、よく聞こえるんだけどな。あとは話し合っている内容をノートに書いてくれると、わたしもみんなも、話し合いのポイントがわかりやすくなると思うんだけど……。

知っておこう グループ学習での工夫

聴覚障害のある友だちの中には、聞き返していやな顔をされたことがあると、話の内容がわからなくてもだまってしまうことがあります。聴覚障害のある友だちの聞こえ方は、ひとりひとり違います。どんなサポートがあれば、グループ学習に参加しやすくなるのか、友だちに聞いてみましょう。特に大切な情報を聴覚障害のある友だちに伝えるときは、紙に書いてわたすようにするとよいでしょう。

part 4 特別な学校や教室で学ぶ

聴覚障害のある友だちは、通う学校や学級もひとりひとり違います。わたしたちと同じ学校に通う人や、「ことばときこえの教室」に通う人、聴覚障害の特別支援学校に通う人もいます。

1 聴覚障害のある友だちの学ぶ場所

聴覚障害のある友だちのために、聞きとりの方法や発音について、専門的に教える施設や学校があります。赤ちゃんのころから大人になるまで、成長に合わせながら、いろいろな場所で勉強できます。

聴覚障害のある友だちが小学校に入学する前には、これからどんな場所でどんな友だちと一緒に勉強をしていきたいのか、聴覚障害のある子どもとおうちの人、そして学校についてよく知る専門家と一緒に話し合ってから、入学する学校を決めます。

特別支援学校の中には、聴覚障害のある子どもたちなどが通う学校もあります。学校の数が限られているので、住んでいる場所から遠くはなれたところに通わなければならない場合もあります。その学校では、学校間交流や居住地校交流で、障害のない子どもたちと活動したり、勉強したりすることができます。

知っておこう 聴覚障害のある友だちが通う教室や学校

乳幼児教育相談
聴覚障害のある赤ちゃんの育て方について、お父さんやお母さんが相談できる場所です。聴覚障害のある赤ちゃんたちが、一緒に遊ぶこともできます。

→

特別支援学校幼稚部、難聴幼児通園施設
聴覚障害のある子どもたちが、遊びながら勉強する場所です。音の出るおもちゃを使うことで音があることを知ったり、ことばを話すために発音の練習をしたりします。

→

就学相談
聴覚障害のある友だちが、どんな学校で勉強をしたいのかを、小学校に入学する前に就学相談員の人と一緒に話し合います。

通常の学級
地域にある小学校で、障害のない子と同じように勉強をします。

ことばときこえの教室
通常の学級に通っている聴覚障害のある友だちが、週に何回か通います。発音や会話の練習をしたり、通常の学級で楽しく過ごせるように、先生たちと勉強します。

聴覚障害の特別支援学校
聴覚障害のある人のために、特別な指導をする学校です。ろう学校と呼ぶこともあります。国語や算数のような科目も勉強しますが、発音や聞きとりを練習する時間もあります。

学校間交流、居住地校交流
特別支援学校の近くにある学校や、聴覚障害のある友だちが住んでいる地域の学校では、聴覚障害のある人とない人が交流活動をします。

＊「ことばときこえの教室」は、「きこえとことばの教室」や「ことばの教室」などとも言います。

2 特別支援学校の1日

見学しました 東京都立大塚ろう学校

聴覚に障害のある友だちが通う学校で、幼稚部と小学部があります。幼稚部では3～5歳の子どもたちが体を動かしたり、勉強したりしています。6～12歳の子どもたちが通う小学部では、日本語でいろいろなことを表現ができるように、授業で手話、口話、指文字をあわせて使っています。

聴覚障害の特別支援学校では、耳の聞こえる子どもたちと同じ教科書を使っています。教科書にある文字や写真がよく見えるように、電子教科書を使ってテレビ画面で見ることもあります。教室の壁には、ことばや文章の決まりについていつでも勉強できるように、ことばの教材がたくさんはられています。

特別支援学校の授業では、先生は口で話す口話、手を使って話す手話や指文字、そして、黒板の文字や電子黒板などのICT機器を使います。聴覚障害のある友だちも、先生の質問に答えたり、みんなの前で発表したりするときは、口話と手話を使います。

また、大塚ろう学校には、聴覚障害にくわえて知的障害のある友だちがいます。ひとりひとりの状態にあわせながら、先生たちは授業をしています。

先生の指揮を見て演奏する小学部の子どもたち。

教室には、たくさんの文字やことばがはられている。

体育では、相手のプレーをよく見て体を動かす。

本好きの子どもが多く、幼稚部のときから本をたくさん読んでいる。

3 学習の工夫

聴覚障害の特別支援学校では、同じ聴覚の障害でも聞こえ方が違う友だちが一緒に勉強しているので、教室や廊下にはさまざまな気配りがされています。

例えば、教室にはFMという電波を使ったFMシステムがあります。授業をする先生がFMマイクを使って話をすると、FM受信機をつけた聴覚障害の友だちは、先生の声をはっきりと聞くことができます。

また、教室には大きなテレビがあり、「見える校内放送」が流れています。授業の始まりや終わりを文字で知らせてくれるほか、災害のときに避難することも文字で知らせてくれます。

廊下や体育館には、チャイムのかわりに光を使って授業の始まりや終わりを知らせるランプもあります。

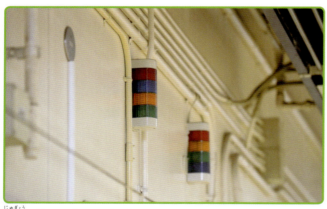

授業の始まりと終わりを光で知らせる。

体育館にも、授業の始まりと終わりを知らせるランプがある。

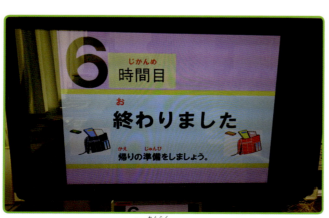

教室のテレビのモニターを使って連絡をすることもある。

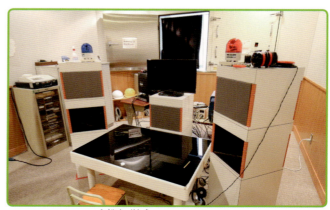

いろいろな音を出して聴力を検査する機械もある。

4 特別な勉強 自立活動

　聴覚障害の特別支援学校には、国語や算数のような科目の勉強のほかにも、自立活動という時間があります。声や音の聞こえ方やことばの発音について、先生と一緒に勉強する時間です。

　例えば、自立活動で発音の練習をする場合、口がよく見える大きな鏡の前に、聴覚障害のある友だちがすわり、その横に先生がすわります。先生が文字や文章を見せながら、ひとつの文字ごとに、口の動かし方、息の出し方、口の中での舌の使い方を教えます。聴覚障害のある友だちも、鏡を見ながら先生と一緒になんどもくりかえして練習します。

　また、聴覚障害のある友だちが毎日使っている補聴器や人工内耳のしくみと使い方についても、自立活動の時間で勉強しています。

鏡の前で発音を確認しながら、文章を読む。

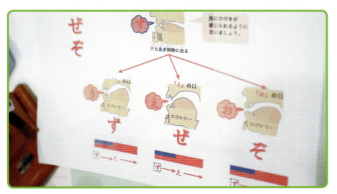
テキストには、声の出し方などがていねいに書いてある。

バラバラの文字をならびかえることで、ことばを発見していく。

ここが知りたい　居住地校交流って何?

　居住地校交流とは、特別支援学校に通っている友だちが住んでいる地域の小中学校で交流をすることです。交流には、1学期に1回、あるいは月に1回など、定期的に登校して授業を受けたり、行事に出たりする交流と、学校には行かずに手紙のやりとりなどをする交流があります。居住地校交流の呼び方は、地域によって違いがあります。

お母さんがとなりにすわって、手話で授業の内容を伝えることもある。

part 5 学校外での生活

聴覚障害のある友だちの中には、いろいろな都合で、お父さんやお母さんとはなれてくらす人もいます。そういう子どもたちは、福祉型障害児入所施設などで生活をします。

1 障害のある友だちがくらす「もうひとつの家」

　聴覚障害のある友だちの中には、それぞれの家の都合で、どうしても親と一緒にくらすことができない子どもたちがいます。そういう子どもたちは、障害のある友だちが一緒にくらす施設（福祉型障害児入所施設）で、生活をします。

　この施設での生活は、障害のある子どもたちと一緒にくらすということ以外、家での生活とほぼ同じです。

　朝ごはんを食べてから友だちと一緒に特別支援学校に行ったり、学校から帰ってきたら、一緒に宿題をしたり、おふろに入って夕ごはんを食べたりします。施設には児童指導員がいて、子どもたちの生活を支えながら、ひとりひとりの成長を見守っています。

　子どもたちは、だいたい高校を卒業する18歳まで、施設でくらすことができます。

障害のあるほかの友だちと同じ部屋でくらす。

食堂には、大きなテレビや新聞、本などもある。

洋服は、洗たく機を使って自分で洗う。

施設でくらす友だちが集まってテレビを見たりする部屋もある。

2 聴覚障害のある友だちの活動

聴覚障害のある友だちにも、放課後や週末を楽しくすごすことができるさまざまな活動があります。

例えば放課後には、地域や大学のボランティアの人たちが、スポーツや算数、漢字、習字などを教えに来てくれるクラブ活動があります。ときどき、子どもたちが参加できるスポーツ大会が開催されることもあるので、いつも一生懸命練習をしています。

また、夏休みや冬休みには、聴覚障害のある友だち

聴覚障害のある人の文化についての学習もする。

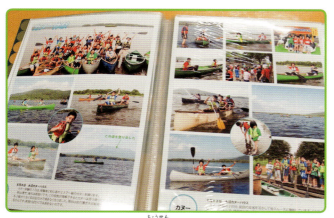
キャンプでは、乗馬やカヌーにも挑戦する。

が参加できるキャンプやスキー教室が行なわれていて、学校や家では体験することができないことにもチャレンジできます。キャンプや教室では、同じ聴覚障害のあるお兄さんやお姉さんが指導することもあります。いろいろな人の話を聞くことで、どんな大人になりたいかを勉強しています。

知っておこう 「もうひとつの学校」

民間にも、聴覚障害を始め、言語障害やLD（学習障害）など、コミュニケーションに障害がある子どもをサポートする施設があります。必要としているサポートがひとりひとり違うので、子どもたちが通う回数は、月に1度、週に数回など、さまざまです。

いつも通っている学校とは別に、ほかの障害がある友だちと一緒に勉強したり遊んだりして社会性を養うことは、やがて学校を卒業し、社会に出たときにとても役に立つのです。また、お父さんやお母さんも集まるので、情報交換の場にもなります。

東京都世田谷区にある田中美郷教育研究所ノーサイド教育センターも、そういった施設のひとつです。言語聴覚士や、作業療法士、理学療法士、臨床心理士、ビジョンセラピストなど、いろいろな分野の専門家が授業をしたり、話を聞いたりして、子どもたちの成長を見守っています。

言語聴覚士の先生の授業の様子。

part 6 社会で働くために

聴覚障害のある人は、社会のいろいろな場所で活躍しています。聴覚障害のある人が働きやすいかんきょうは、障害のある人もない人も、みんなが働きやすいかんきょうなのです。

1 聴覚障害のある友だちの進路

高校を卒業したあと、聴覚障害のある人たちが進んでいく道は、人それぞれです。

例えば、自動車会社に就職して、自動車をつくる工場で、車の部品を組み立てる仕事をする人もいます。また、特別支援学校の高等部専攻科に進学をした人の中には、専門的な勉強をして、技術をいかした資格をとることを目標にしている人もいます。また、大学に進学して、専門的な分野を4年間じっくりと勉強をする人もいます。

進学先の学校や就職をした職場では、聴覚障害のある人のために、さまざまな工夫をしています。大学にはノートテイカーといって、聴覚障害のある人の横で授業の内容を伝える人がいます。会社では、手話講習会をしたり、すぐに筆談ができるようにホワイトボードを用意しているところもあります。

特別支援学校高等部専攻科
資格をとるために、専門的な勉強をします。

大学
ノートに授業の内容を書きとるボランティア（ノートテイカー）がいます。

会社
持ち運びできるホワイトボードを用意しています。

2 聴覚障害のある人たちと働くために

聴覚障害のある人は、聞こえ方や困っていることが、ひとりひとり違います。障害のある人を雇う側の会社は、それぞれの困っていることに合わせて気をつけることが必要です。

例えば、会社からのいろいろな情報を聞きのがさないように、大切な会議にはパソコンやノートを使って会議の内容を伝える人をもうけたり、手話通訳士を準備したりすると、聴覚障害のある人も会議で発言をすることができます。また、聴覚障害のある人を中心にした手話サークルを作ることで、会社の中でもいろいろな人と、手話を使った日常会話ができるようになります。こうした聴覚障害のある人が働きやすいかんきょうづくりは、だれもが働きやすいかんきょうづくりにもつながるのです。

会社の取り組み例

会議に手話通訳士をつける

聴覚障害があっても手話通訳士がいると、会議の内容がその場でわかって、発言もできるようになります。

パソコンを使って内容を伝える

パソコンに文字や図形を打ち込んで、お願いしたい仕事の内容を詳しく伝えます。

目で見てわかるイラスト付きマニュアル

説明を聞かなくても見ただけでやり方がわかるように、マニュアル（手引き書）にイラストが付いています。

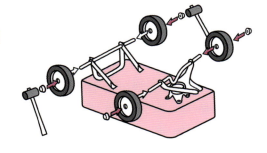

知っておこう　障害のある人が、障害のある子どもを教える？

聴覚障害のある子どもたちが通う特別支援学校には、聴覚障害のある先生もいます。先生たちがまだ小さかったころ、ことばときこえの教室に通ったり、聴覚障害の特別支援学校に通ったりした経験から、先生になった人もいます。聴覚障害のある先生たちも、ほかの先生たちとおなじように学校で働いています。聞こえない子どもたちの悩みを一緒に考えながら、ひとりひとりを見守っています。

part 7 障害をサポートする道具

聴覚障害のある人のくらしをたすける道具には、光や振動で音を知らせるものや、電子メールやファックスのように、聴覚障害のない人も含めて、みんなが使うものもあります。

1 くらしを支える機械

聴覚障害のある人は、それぞれの聞こえ方に合わせて、音を知らせる機械を使っています。

光や振動で音を知らせる機械には、振動式の時計やお知らせランプがあります。振動式の時計は、目覚まし時計のアラーム音のかわりに、ブルブルとふるえて時間になったことを知らせてくれます。お知らせランプは、ドアのチャイムを押すとランプが光って、人が来たことを知らせます。

このほか、テレビや電話の音を大きくするための機械もあるし、メールやファックスを使うことで、いろいろな情報を得ることもできます。

筆談器（磁気タイプ）
専用のペンで文字を書き、終わったらボタンを押して文字を消すことができます。

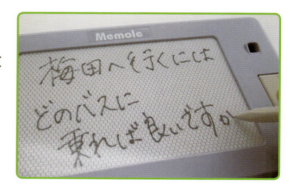

卓上型会話支援機
マイクに向かって話すと、聴覚障害のある人にとって聞きとりやすい音が、スピーカーから聞こえる機械です。

振動式目覚まし時計
シェーカーを枕の下に入れて目覚まし時計をセットすると、シェーカーが強く振動して起こしてくれます。振動と大きな音の両方をセットすることができます。

こえとら

スマートフォンに向かって話すと文字になって表示されるので、相手はそれを読むことができます。相手は質問やお願いごとを文字で入力します。文字を音声で伝えることもできます。

電話お願い手帳Web版

聴覚障害のある人が、外出先で電話をかけたいとき、スマートフォンで近くにいる人に電話をかけることをお願いするために使います。

2 障害があることを知らせる方法

聴覚障害のある人は身体障害者手帳を持っていて、いろいろなところでサポートを受けることができます。「耳マーク」は、聴覚障害のある人が持っているほか、施設や企業もかかげています。聴覚障害のある人が援助を受けやすいかんきょうを目指すこころみのひとつです。

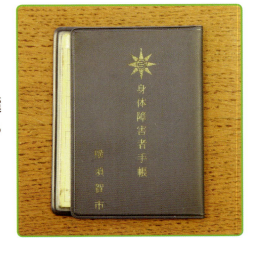

身体障害者手帳

身体障害のある人にわたされている手帳です。電車の運賃が割り引きになったり、補聴器の代金を補助してもらえたりします。

耳マーク

耳が聞こえにくいことをあらわすマークです。病院や銀行の窓口では、聴覚障害のある人を助けることを伝えるためのマークとして、使われることもあります。

part 8 聴覚障害の友だちとつきあうために

聴覚障害のある友だちと会話するときには、お互いに聞きもらしや聞きまちがいがおこらないように、相手の前に立って落ちついて話しましょう。

1 声をかけるときは

補聴器をつけている聴覚障害のある友だちは、後ろから聞こえてくる音がよく聞こえません。また、補聴器は音を大きくする機械なので、人の話し声やざわざわした音も、大きく聞こえてしまいます。できるだけ雑音のない静かな場所で、友だちの前に立ってから、口を大きく開けて、落ちついて話しましょう。

また、話している内容が相手に伝わっているのかどうか、お互いにわかりにくいときは、ノートを使って話している内容をチェックしながら話してもよいでしょう。特に相手に伝えたいことは、文字やイラストをかいて伝えるようにしてください。

相手の前に立って話す

聴覚障害のある友だちは、後ろや横から話しかけられても、聞こえないことがあります。また、いきなり肩をたたかれると、びっくりしてしまいます。話をするときは、聴覚障害のある友だちの前にまわって、相手に気づいてもらってから、話し始めましょう。

おちついて話す

話すときは、自分の口がよく見えるように、聴覚障害のある友だちの正面に立って話します。「わたしの なまえは 田中です」のように、口を大きく開けてゆっくり話すと、聴覚障害のある友だちは、口の動きを読みとることができます。

2 困っていたら

　聴覚障害のある人がきょろきょろとまわりを見回しているときは、何か困っていることがあるのかもしれません。勇気を出して、「何かお手伝いできることは、ありませんか?」と、聞いてみましょう。そのときは、相手の話を最後までしっかりと聞いて、その人が何に困っているのかを理解しましょう。
　特に、災害のときは、まわりの人たちとの協力が大切です。事前に大人の人たちと一緒に、聴覚障害のある人たちがどんなことに困るのか、どんなことなら協力できるのかなどを、話し合っておきましょう。

話をしっかり聞く

聴覚障害のある友だちが、どんなことに困っているのか、相手の話を最後まで聞きましょう。ことばの発音がまちがったとしても、からかったりしないで話を聞くと、聴覚障害のある友だちも楽に話すことができます。

駅のアナウンスを伝える

聴覚障害のある友だちの中には、駅のアナウンスやスピーカーから出る音が聞こえにくい人もいます。駅にいたときに事故で電車がおくれたというアナウンスが流れたときは、アナウンスの内容を文字にして、伝えましょう。

災害のときはみんなで助ける

大きな災害が起きたときは、「代わりに電話をかけてほしい」「避難所について、くわしい情報を教えてほしい」と、たのまれるかもしれません。どんなことに困っているのか、どんな手伝いがいるのか、近くにいる大人の人と一緒に、みんなで考えて助けましょう。

3 特別あつかいにならないように

聴覚障害のある人も、聞こえにくいということ以外は障害のない人と同じです。聞こえにくいことにたいして、わたしたちがお手伝いをすることは大切です。でも、それは聴覚障害のある人を「特別あつかい」することではありません。また、どこまでが「特別あつかい」と感じるのかも、聴覚障害のある人の聞こえ方によって、それぞれ違います。

聞こえている人も、聞こえない人も、同じことを同じように楽しむためには、どうしたらいいのか。「特別あつかい」にならないようなやり方やルールを、みんなで考えましょう。

ひとりひとり順番に話す

グループで学習するとき、みんなが一度に話し始めると、聴覚障害のある友だちは、ひとりひとりの意見を聞きとることができないことがあります。話すときは、みんなの声が聞こえやすい静かな場所で、ひとりひとり順番に話しましょう。

わからないときは聞き返す

聴覚障害のある友だちの話がよく聞きとれないときは、「もう一度、言ってくれる?」と、話を聞き返してみましょう。それでもわからないときは、紙に文字や絵を書いたり、ジェスチャーをしたりしながら、お互いに伝えたい内容を確かめましょう。

手話や指文字を使う

手話や指文字を使っている聴覚障害のある友だちには、かんたんな手話を教えてもらいましょう。お互いに言いたいことがもっと早く伝わるようになります。また、手話を教えてもらうことは、仲よくなれるきっかけにもなります。

4 これからできること

　聴覚障害のある人は、ひとりひとり聞こえ方が違うので、困っていることや悩みもそれぞれ違います。また、聴覚障害は外見ではわかりにくいので、まわりの人に気づいてもらえず、苦しんでいる人もいます。でも、聴覚障害のある人も、同じ地域に住んでいる仲間なので、困っていたら見すごすわけにはいきません。

　住んでいる地域や学校で聴覚障害の人と一緒に活動をするとき、特別に気をつかうことはありません。ふだん友だちと話すように、気軽に話しかけてみましょう。お互いに共通しているところや、聞こえ方の違いを知ることで、少しずつわかり合うことができるようになります。

知っておこう　言語聴覚士ってどんな仕事をするの？

　聴覚障害や言語障害といった障害のある人や高齢者の中には、ことばの話し方や聞こえ方、また食べものを飲みこむことに対して悩みをもっている人たちがいます。こうした人たちが自分らしく生活することができるように、訓練のメニューを考えたり、アドバイスをしたりするのが言語聴覚士です。

　言語聴覚士は、病院や、障害のある人がいる福祉施設、高齢者のいる施設、特別支援学校などで働いています。例えば、ことばを発声する訓練では、大きく口を開けたり、舌を左右に動かしたりします。食べものを飲みこむ訓練では、飲みこみやすい姿勢についてアドバイスをしています。

part 9

手話と指文字

聴覚障害のある人がコミュニケーションをとるとき、手話や指文字を使うことがあります。かんたんな手話を覚えることだけでも、聴覚障害のある人と会話ができるかもしれません。

1 手話とは

手話は、聴覚障害のある人がコミュニケーションをとるために使うことばで、聴覚障害のある人たちの間で作りあげられました。会話するときは、手、指、うでを動かしてことばを伝えるだけではなく、まゆ毛や口の形をかえる、首をかたむけるなどの動きも使っています。

手話を使っている人の中には、まったく聞こえない人もいれば少し聞こえる人もいますが、聴覚障害のある人がすべて手話を使うわけではありません。

手話にはいくつかの種類※があり、使っている手話が人によって違うことがあります。住んでいる地域によっては、方言のように手話の動きが違うこともあります。また、日本語と英語が違うように、世界にはそれぞれの国の手話があります。

※手話の種類：日本手話、日本語対応手話、中間型手話

手話の例

「朝」と「あいさつ」を組み合わせて「おはようございます」

「はじめて」と「会う」を組み合わせて「はじめまして」

「昼」と「あいさつ」を組み合わせて「こんにちは」

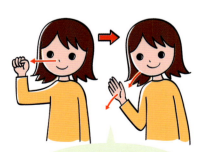

「よい」と「お願い」を組み合わせて「よろしくお願いいたします」

「夜」と「あいさつ」を組み合わせて「こんばんは」

「ありがとうございます」

2 指文字とは

　手や指を使って表現する指文字も、手話と同じように、聴覚障害のある人たちの間で作りあげられてきたものです。指文字は、「あいうえお」のように、五十音のひとつひとつを、それぞれ指の形で表します。

　指文字は、ひとつの文字をはっきりと伝えたいときに使います。新しいことばが手話の表現にないとき、指文字を使って表すこともあります。

　指文字には五十音のほかにも、アルファベットや数字もあります。手話の動きをうっかり忘れてしまったときでも、指文字をおぼえていると、単語を伝えることができます。

　手話と指文字を組み合わせることで、手話の表現はさらに広がります。

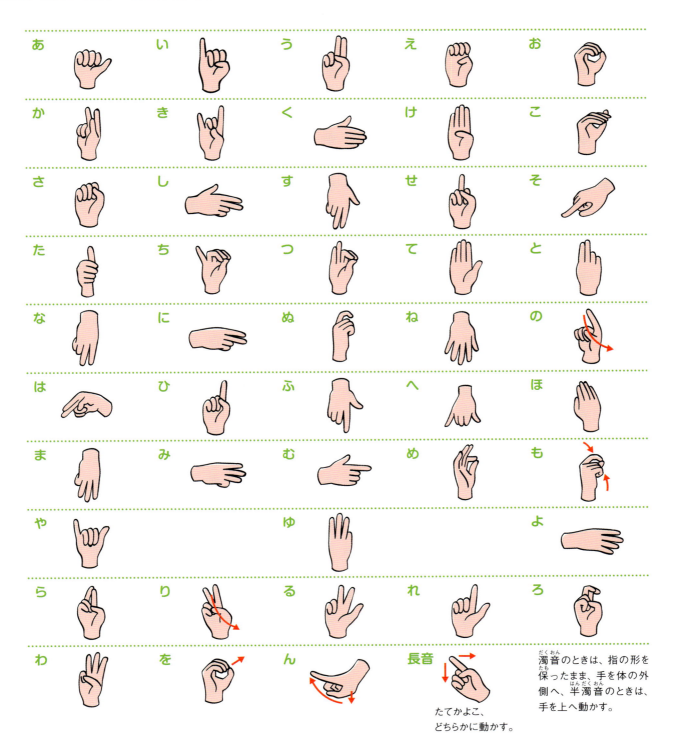

濁音のときは、指の形を保ったまま、手を体の外側へ、半濁音のときは、手を上へ動かす。

たてかよこ、どちらかに動かす。

part 10

聴導犬の働き

聴導犬は、聴覚に障害のある人たちに音を知らせるための犬です。障害のある人を助ける犬は「身体障害者補助犬」と呼ばれ、聴導犬のほかに盲導犬や介助犬もいます。

1 聴導犬ってどんな犬？

聴導犬は、聴覚障害のある人に音を知らせる犬です。例えば、ドアのチャイムやお湯のわいた音、電話のベルや赤ちゃんの泣き声を聞きわけて、聴覚障害のある人に伝えます。

また、聴覚障害のある人と一緒に出かけた場合、自動車のクラクションや火災報知器の音が鳴ったときに、危険を知らせます。

聴導犬のほかにも、目に障害のある人に障害物を知らせる盲導犬や、手足に障害のある人の動作をサポートする介助犬がいます。この3種の犬、盲導犬、聴導犬、介助犬は、「身体障害者補助犬」と呼ばれています。社会のマナーを守るために特別な訓練を受けているので、障害のある人と一緒にいろいろな場所に行くことができます。

2 町で身体障害者補助犬を見かけたら

聴導犬のような身体障害者補助犬は、障害のある人たちにとって大切なパートナーです。障害のある人と一緒に電車やバスに乗ったり、病院に行ったりすることができます。仕事をしているときは、聴導犬専用コートを着ています。ペットとは違うので、勝手にさわったり、食べものをあげたりすることはやめましょう。

タイマーの音を飼い主に知らせる聴導犬の様子。

考えてみよう　こんな かんちがい をしてないかな？

□ 聴導犬が入れない場所もあるよね？

身体障害者補助犬は、レストランのような飲食店、ホテルのような宿泊施設に障害のある人と一緒に出かけることがあります。「身体障害者補助犬法」という法律では、たくさんの人が利用する施設や店でも身体障害者補助犬を受け入れなければならないことになっています。お店の人は「犬だから」という理由だけで、店や施設に入ることを拒否することはできないのです。

もし、身体障害者補助犬を利用している障害のある人が困っているようなときは、どんなことに困っているのか、声をかけてみましょう。

part 11

かがやく人たち

聴覚障害のある人たちは、聴覚障害のない人と同じようにさまざまなことを楽しんでいます。また、聴覚障害のある人もない人も一緒に楽しめる、手話パフォーマンスやイベントもあります。

1 手話パフォーマンス

「手話パフォーマンスきいろぐみ」は、歌に手話をつけて歌う手話コーラスや、リズムに合わせて手話とダンスを組み合わせる手話ミュージカルなどのパフォーマンスをしています。手話と音楽のみりょくがつまった手話パフォーマンスは、聴覚障害のある人もない人も一緒に楽しめます。

会場の観客も一緒になって楽しめるため、とても盛り上がる。

2 手話によるスピーチコンテスト

手話サークルやボランティア活動で手話を勉強している高校生たちが、音声と手話を使って考えていることを発表する大会です。大会では、熱いスピーチがくり広げられます。

「全国高校生の手話によるスピーチコンテスト」には、皇族の方も参加される。

知っておこう デフリンピックって何？

デフリンピックは、聴覚障害のある人たちのためのスポーツ競技会です。世界中の聴覚障害のある人たちが、国際手話を使ってコミュニケーションをしながら、スポーツで競い合います。

支援する団体

聴覚障害のある友だちを支える団体は、全国にいくつかあります。それぞれの団体では、障害について困っていることや、いろいろな福祉の制度について、くわしく教えてくれます。

① 一般財団法人 全日本ろうあ連盟

耳の聞こえない、または聞こえにくい人たちが社会に参加できるように、社会の制度を変えるよう要望したり、手話の普及やろう者への理解を広めるための手話の本の制作や、スポーツ大会の開催などをしたりしています。また、聞こえる人と聞こえない人との交流を深めるために、高校生スピーチコンテストや手話教室の開催もしています。

【参加方法】都道府県の加盟団体のホームページを参照。
http://www.jfd.or.jp/

② 一般社団法人 全日本難聴者・中途失聴者団体連合会

難聴者や中途失聴者を支えるための団体です。さまざまな面でのバリアフリー活動や、補聴器や人工内耳についての調査、耳の不自由なことを示す「耳マーク」の普及、コミュニケーション支援に関する活動をしています。

【参加方法】ホームページの「会員制度の案内」を参照。
http://www.zennancho.or.jp/

③ 一般社団法人 日本言語聴覚士協会

ことばによるコミュニケーションに問題のある人たちを支えるために、言語聴覚士の資格のある人たちが情報を交換したり、言語障害のある人たちと連携しながら、研修や講演会などを開いたりしています。

【参加方法】ホームページの「入会のご案内」を参照。
https://www.jaslht.or.jp/

④ 特定非営利活動法人 コミュニケーション・アシスト・ネットワーク

言語障害や聴覚障害のある人の基本的人権を守り、社会参加を支援するために、言語聴覚士を中心とした様々な専門家が参加しています。言語聴覚士国家試験受験勉強ツールソフトを作り、言語聴覚士の育成に力を入れています。

【参加方法】ホームページの「入会案内」を参照。
http://www.we-can.or.jp/

⑤ 社会福祉法人 日本聴導犬協会

聴導犬や介助犬を訓練しながら、聴覚障害のある人や身体障害のある人に、聴導犬や介助犬を無料で貸しています。聴導犬や介助犬を、いろいろな人に知ってもらうための活動もしています。

【参加方法】ホームページの「申込書」を参照。
http://www.hearingdog.or.jp/

⑥ 公益財団法人 日本補助犬協会

盲導犬、介助犬、聴導犬という3種類の補助犬を育てながら、身体障害のある人に無料で貸しています。また、子どもたちを対象に、補助犬のことを知ってもらうための活動もしています。

【参加方法】ホームページの「補助犬を希望される方へ」を参照。
http://www.hojyoken.or.jp/

さくいん

ア行

あぶみ骨 7
FMシステム 20
お知らせランプ 26
音波 7

カ行

外耳 7
外耳道 7
介助犬 34, 36
蝸牛 7
蝸牛神経 7
学校間交流 18
きぬた骨 7
居住地校交流 18, 21
言語聴覚士 5, 13, 23, 31
口話 12, 19
こえとら 27
ことばときこえの教室 18
鼓膜 7

サ行

三半規管 7
耳介 7
耳小骨 7
児童指導員 22
就学相談 18
手話 12, 13, 19, 21, 25, 30, 32, 33, 35, 36
手話通訳士 25
自立活動 21
人工内耳 5, 9, 12, 13, 21
身体障害者手帳 27
身体障害者補助犬 34
振動式目覚まし時計 26

タ行

卓上型会話支援機 26

37

語	ページ
中耳	7
中途失聴	6, 36
聴覚	6
聴覚障害	6
聴神経	7, 8, 12, 13
聴導犬	34, 36
聴力	20
つち骨	7
デフリンピック	35
電話お願い手帳Web版	27
特別支援学校	16, 18, 19〜21, 22, 24, 31
読話	12

ナ行

語	ページ
内耳	7, 13
難聴	4, 6
難聴幼児通園施設	18
乳幼児教育相談	18
ノートテイカー	24

ハ行

語	ページ
半規管	7
筆談	13, 24
筆談器	26
福祉型障害児入所施設	22
補聴器	6, 9, 12〜15, 21, 28

マ行

語	ページ
見える校内放送	20
耳マーク	27, 36
盲導犬	34, 36

ヤ行

語	ページ
指文字	13, 19, 30, 32, 33

ラ行

語	ページ
ろう	6

監修

山中ともえ
東京都調布市立飛田給小学校 校長

青山学院大学卒業、筑波大学大学院夜間修士課程リハビリテーションコース修了。東京都公立中学校教諭、東京都教育委員会指導主事、同統活指導主事を経て、現在、東京都調布市立飛田給小学校長。特別支援教育士スーパーバイザー、臨床発達心理士としての経験を活かし、全国特別支援学級設置学校長協会副会長、東京都特別支援学級設置校長協会会長として、特別支援教育の推進に努める。著書に『実践！通級による指導 発達障害等のある児童のためにできること』（東洋館出版社）がある。

製作スタッフ

編集・装丁・本文デザイン
株式会社ナイスク　http://naisg.com
松尾里央　石川守延　藤原祐葉

DTP
小澤都子（レンデデザイン）

イラスト
アタフタグラフィックス

取材・文・編集協力
富田チヤコ

写真撮影
荒川祐史　中川文作　魚住貴弘

校閲
株式会社東京出版サービスセンター

商品提供・取材協力・写真提供

東京都立大塚ろう学校
田中美郷教育研究所 ノーサイド教育センター
シーマテックジャパン
ユニバーサル・サウンドデザイン株式会社
株式会社パイロットコーポレーション
国立研究開発法人 情報通信研究機構
株式会社フィート
東日本電信電話株式会社
一般社団法人 全日本難聴者・中途失聴者団体連合会
手話パフォーマンスきいろぐみ
社会福祉法人 日本聴導犬協会
アマナイメージズ
©共同通信社/amanaimages（P35中）
©Sputnik/amanaimages（P35下）
ゲッティイメージズ
ピクスタ株式会社
Shutterstock
永井郁

参考文献・サイト

『ふしぎだね!?　聴覚障害のおともだち』
倉内紀子 監修（ミネルヴァ書房）
『バリアフリーの本 耳に障害のある子といっしょに』
廣田栄子 文、星川ひろ子 写真（偕成社）
『図解 やさしくわかる言語聴覚障害』
小嶋知幸編著（ナツメ社）
文部科学省 ホームページ
http://www.mext.go.jp/
厚生労働省 ホームページ
http://www.mhlw.go.jp/

知ろう！学ぼう！障害のこと
聴覚障害のある友だち

初版発行	2017年3月　第4刷発行　2023年7月
監修	山中ともえ
発行所	株式会社金の星社
	〒111-0056　東京都台東区小島1-4-3
電話	03-3861-1861（代表）
FAX	03-3861-1507
振替	00100-0-64678
ホームページ	https://www.kinnohoshi.co.jp
印刷・製本	図書印刷株式会社

40p 29.3cm NDC378　ISBN978-4-323-05654-8
©ATFT GRAPHICS., NAISG Co.,Ltd., 2017
Published by KIN-NO-HOSHI-SHA Co.,Ltd, Tokyo, Japan.
乱丁落丁本は、ご面倒ですが、小社販売部宛にご送付ください。
送料小社負担にてお取替えいたします。

JCOPY 出版者著作権管理機構 委託出版物

本書の無断複写は著作権法上での例外を除き禁じられています。複写される場合は、そのつど事前に出版者著作権管理機構（電話 03-5244-5088　FAX03-5244-5089　e-mail: info@jcopy.or.jp）の許諾を得てください。
※ 本書を代行業者等の第三者に依頼してスキャンやデジタル化することは、たとえ個人や家庭内での利用でも著作権法違反です。

知ろう！学ぼう！障害のこと

【全7巻】シリーズNDC：378　図書館用堅牢製本　金の星社

LD（学習障害）・ADHD（注意欠如・多動性障害）のある友だち
監修：笹田哲（神奈川県立保健福祉大学 教授／作業療法士）

LDやADHDのある友だちは、何を考え、どんなことに悩んでいるのか。発達障害に分類されるLDやADHDについての知識を網羅的に解説。ほかの人には分かりにくい障害のことを知り、友だちに手を差し伸べるきっかけにしてください。

自閉スペクトラム症のある友だち
監修：笹田哲（神奈川県立保健福祉大学 教授／作業療法士）

自閉症やアスペルガー症候群などが統合された診断名である自閉スペクトラム症。障害の特徴や原因などを解説します。感情表現が得意ではなく、こだわりが強い自閉スペクトラム症のある友だちの気持ちを考えてみましょう。

視覚障害のある友だち
監修：久保山茂樹／星祐子（独立行政法人 国立特別支援教育総合研究所 総括研究員）

視覚障害のある友だちが感じとる世界は、障害のない子が見ているものと、どのように違うのでしょうか。特別支援学校に通う友だちに密着し、学校生活について聞いてみました。盲や弱視に関することがトータルでわかります。

聴覚障害のある友だち
監修：山中ともえ（東京都調布市立飛田給小学校 校長）

耳が聞こえない、もしくは聞こえにくい障害を聴覚障害といいます。耳が聞こえるしくみや、なぜ聞こえなくなってしまうかという原因と、どんなことに困っているのかを解説。聴覚障害をサポートする最新の道具も掲載しています。

言語障害のある友だち
監修：山中ともえ（東京都調布市立飛田給小学校 校長）

言葉は、身ぶり手ぶりでは表現できない情報を伝えるとても便利な道具。言語障害のある友だちには、コミュニケーションをとるときに困ることがたくさんあります。声が出るしくみから、友だちを手助けするためのヒントまで詳しく解説。

ダウン症のある友だち
監修：久保山茂樹（独立行政法人 国立特別支援教育総合研究所 総括研究員）
監修：村井敬太郎（独立行政法人 国立特別支援教育総合研究所 主任研究員）

歌やダンスが得意な子の多いダウン症のある友だちは、ダウン症のない子たちに比べてゆっくりと成長していきます。ダウン症のある友だちと仲良くなるためには、どんな声をかけたらよいのでしょうか。ふだんの生活の様子から探ってみましょう。

肢体不自由のある友だち
監修：笹田哲（神奈川県立保健福祉大学 教授／作業療法士）

肢体不自由があると、日常生活のいろいろなところで困難に直面します。困難を乗り越えるためには、本人の努力と工夫はもちろん、まわりの人の協力が大切です。車いすの押し方や、バリアフリーに関する知識も紹介しています。